LES AMIS INCONNUS

Œuvres de
JULES SUPERVIELLE
nrf

Poésie

GRAVITATIONS
1925; édition définitive, 1932.

LE FORÇAT INNOCENT
1930.

LES AMIS INCONNUS
1934.

LA FABLE DU MONDE
1938.

1939-1945
(poèmes) 1946.

CHOIX DE POÈMES
1947.

Romans

L'HOMME DE LA PAMPA
1923.

LE VOLEUR D'ENFANTS
1926.

LE SURVIVANT
1928.

Contes

L'ENFANT DE LA HAUTE MER
1931.

L'ARCHE DE NOÉ
1938

L'ENFANT DE LA HAUTE MER
illustré par Pierre Roy.

Théâtre

LA BELLE AU BOIS
1932.

COMME IL VOUS PLAIRA,
adapté de Shakespeare, 1935

BOLIVAR
suivi de LA PREMIÈRE FAMILLE, 1936.

Chez d'autres éditeurs

Poésie

LES POÈMES DE L'HUMOUR TRISTE
ornés de dessins par André Favory, André Lhote et Dunoyer de Segonzac
(*La Belle Édition*, 1919, épuisé).

POÈMES
(*Figuière*, 1919, épuisé).

DÉBARCADÈRES
(*Revue de l'Amerique latine*, 1922, épuisé;
nouvelle édition, *Stols*, 1934).

LES POÈMES DE LA FRANCE MALHEUREUSE
(1939-1941). *Lettres Françaises, Sur,* Buenos-Aires, 1941; et *Cahiers du Rhône*, Neuchâtel, 1942 (édition suivie de CIEL ET TERRE).

CHOIX DE POÈMES
(*Sud Americana*, Buenos-Aires, 1944).

Contes

LE PETIT BOIS
(*Quetzal*, Mexico, 1942).

ORPHÉE
(*Ides et Calendes*, Neuchâtel, 1946).

Mémoires et Voyages

BOIRE A LA SOURCE
(*Corréa*, 1933).

A paraître

LE VOLEUR D'ENFANTS, ROBINSON, SHÉHÉRAZADE
pièces en trois actes.

JULES SUPERVIELLE

LES AMIS
INCONNUS

nrf

GALLIMARD
septième édition

L'Édition originale de cet ouvrage a été tirée à cent exemplaires dont : quarante exemplaires sur vélin pur fil Lafuma-Navarre, numérotés comme suit : trente exemplaires de 1 à 30, et dix exemplaires hors commerce marqués de a à j ; et soixante exemplaires sur alfa Navarre dont : quarante exemplaires numérotés de 31 à 70 et vingt exemplaires hors commerce numérotés de 71 à 90.

Il a été tiré en outre en mai 1947, cinq cent quarante exemplaires sur Alma Marais, dont cinq cents exemplaires numérotés de 1 à 500, et quarante hors commerce numérotés de 501 à 540. Ces exemplaires portent la mention : EXEMPLAIRE SUR ALMA MARAIS et sont reliés d'après la maquette de Mario Prassinos.

Tous droits de reproduction, de traduction et d'adaptation réservés pour tous les pays y compris la Russie.
Copyright by Librairie Gallimard, 1934.

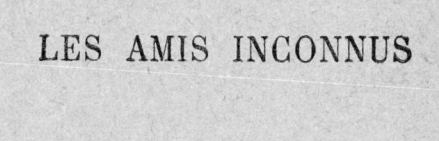

LES AMIS INCONNUS

LES AMIS INCONNUS

Il vous naît un poisson qui se met à tourner
Tout de suite au plus noir d'une lame profonde,
Il vous naît une étoile au-dessus de la tête,
Elle voudrait chanter mais ne peut faire mieux
Que ses sœurs de la nuit les étoiles muettes.

Il vous naît un oiseau dans la force de l'âge,
En plein vol, et cachant votre histoire en son cœur
Puisqu'il n'a que son cri d'oiseau pour la montrer.
Il vole sur les bois, se choisit une branche
Et s'y pose, on dirait qu'elle est comme les autres.

Où courent-ils ainsi ces lièvres, ces belettes,
Il n'est pas de chasseur encor dans la contrée,
Et quelle peur les hante et les fait se hâter,
L'écureuil qui devient feuille et bois dans sa fuite,
La biche et le chevreuil soudain déconcertés ?

*Il vous naît un ami, et voilà qu'il vous cherche
Il ne connaîtra pas votre nom ni vos yeux
Mais il faudra qu'il soit touché comme les autres
Et loge dans son cœur d'étranges battements
Qui lui viennent de jours qu'il n'aura pas vécus.*

*Et vous, que faites-vous, ô visage troublé,
Par ces brusques passants, ces bêtes, ces oiseaux,
Vous qui vous demandez, vous, toujours sans nouvelles,
« Si je croise jamais un des amis lointains
Au mal que je lui fis vais-je le reconnaître ? »*

*Pardon pour vous, pardon pour eux, pour le silence
Et les mots inconsidérés,
Pour les phrases venant de lèvres inconnues
Qui vous touchent de loin comme balles perdues,
Et pardon pour les fronts qui semblent oublieux.*

LES CHEVAUX DU TEMPS

Quand les chevaux du Temps s'arrêtent à ma porte
J'hésite un peu toujours à les regarder boire
Puisque c'est de mon sang qu'ils étanchent leur soif.
Ils tournent vers ma face un œil reconnaissant
Pendant que leurs longs traits m'emplissent de faiblesse
Et me laissent si las, si seul et décevant
Qu'une nuit passagère envahit mes paupières
Et qu'il me faut soudain refaire en moi des forces
Pour qu'un jour où viendrait l'attelage assoiffé
Je puisse encore vivre et les désaltérer.

L'OISEAU

« Oiseau, que cherchez-vous, voletant sur mes livres,
Tout vous est étranger dans mon étroite chambre.

— J'ignore votre chambre et je suis loin de vous,
Je n'ai jamais quitté mes bois, je suis sur l'arbre
Où j'ai caché mon nid, comprenez autrement
Tout ce qui vous arrive, oubliez un oiseau.

- Mais je vois de tout près vos pattes, votre bec.

Sans doute pouvez-vous rapprocher les distances
Si vos yeux m'ont trouvé ce n'est pas de ma faute.

- Pourtant vous êtes là puisque vous répondez.

- Je réponds à la peur que j'ai toujours de l'homme

Je nourris mes petits, je n'ai d'autre loisir,
Je les garde en secret au plus sombre d'un arbre
Que je croyais touffu comme l'un de vos murs.
Laissez-moi sur ma branche et gardez vos paroles,
Je crains votre pensée comme un coup de fusil.

— Calmez donc votre cœur qui m'entend sous la plume.

— Mais quelle horreur cachait votre douceur obscure
Ah ! vous m'avez tué je tombe de mon arbre.

— J'ai besoin d'être seul, même un regard d'oiseau...

— Mais puisque j'étais loin au fond de mes grands
   bois ! »

L'ALLÉE

— Ne touchez pas l'épaule
Du cavalier qui passe,
Il se retournerait
Et ce serait la nuit,
Une nuit sans étoiles,
Sans courbe ni nuages.
— Alors que deviendrait
Tout ce qui fait le ciel,
La lune et son passage,
Et le bruit du soleil ?
— Il vous faudrait attendre
Qu'un second cavalier
Aussi puissant que l'autre
Consentît à passer.

L'OURS

Le pôle est sans soupirs.
Un ours tourne et retourne
Une boule plus blanche
Que la neige et que lui.
Comment lui faire entendre
Du fond de ce Paris
Que c'est l'ancienne sphère
De plus en plus réduite
D'un soleil de minuit,
Quand cet ours est si loin
De cette chambre close,
Qu'il est si différent
Des bêtes familières
Qui passent à ma porte,
Ours penché sans comprendre
Sur son petit soleil

*Qu'il voudrait peu à peu
Réchauffer de son souffle
Et de sa langue obscure
Comme s'il le prenait
Pour un ourson frileux
Qui fait le mort en boule
Et ferme fort les yeux.*

LE POMMIER

A force de mourir et de n'en dire rien
Vous aviez fait un jour jaillir, sans y songer,
Un grand pommier en fleurs au milieu de l'hiver
Et des oiseaux gardaient de leurs becs inconnus
L'arbre non saisonnier, comme en plein mois de mai,
Et des enfants joyeux de soleil et de brume
Faisaient la ronde autour, à vivre résolus.
Ils étaient les témoins de sa vitalité.
Et l'arbre de donner ses fruits sans en souffrir
Comme un arbre ordinaire, et, sous un ciel de neige,
De passer vos espoirs de toute sa hauteur.
Et son humilité se voyait de tout près.
Oui, craintive, souvent, vous vous en approchiez.

FIGURES

Je bats comme des cartes
Malgré moi des visages,
Et, tous, ils me sont chers.
Parfois l'un tombe à terre
Et j'ai beau le chercher
La carte a disparu.
Je n'en sais rien de plus.
C'était un beau visage
Pourtant, que j'aimais bien.
Je bats les autres cartes.
L'inquiet de ma chambre,
Je veux dire mon cœur,
Continue à brûler
Mais non pour cette carte,
Qu'une autre a remplacée :
C'est un nouveau visage,

*Le jeu reste complet
Mais toujours mutilé.
C'est tout ce que je sais,
Nul n'en sait davantage.*

LES MAINS PHOTOGRAPHIÉES

On les faisait pénétrer au monde des surfaces lisses
Où même des montagnes rocheuses sont douces, faciles
   au toucher,
On les traitait comme un visage pour la première fois
   de leur vie,
Elles se sentaient un front vague
Et les symptômes premiers d'une naissante physionomie.
De très loin venait la mémoire aborder ces rivages
   vierges
Avec le calme d'une houle qui mit longtemps à se
   former.
Les connaissances du cerveau parvenaient enfin jus-
   qu'au pouce.
Pour la première fois de sa vie
Le pouce légèrement acquiesçait dans son domaine
Et pendant que dura la pose

Les mains donnèrent leur nom au soleil, à la belle journée.
Elles appelèrent « tremblement » cette légère hésitation
Qui leur venait du cœur humain à l'autre bout des veines chaudes,
Elles comprirent que la vie est chose passante et fragile,
Même pour des mains qui longtemps se désintéressèrent du reste.
Puis elles ne connurent rien de ce qu'elles avaient deviné
Durant ce court entretien avec des forces lumineuses.
Le moment était arrivé où l'on ne pouvait même plus,
Sans mentir, les dire oublieuses.

L'APPEL

Les dames en noir prirent leur violon
Afin de jouer, le dos au miroir.

Le vent s'effaçait comme aux meilleurs jours
Pour mieux écouter l'obscure musique.

Mais presque aussitôt pris d'un grand oubli
Le violon se tut dans les bras des femmes

Comme un enfant nu qui s'est endormi
Au milieu des arbres.

Rien ne semblait plus devoir animer
L'immobile archet, le violon de marbre,

Et ce fut alors qu'au fond du sommeil
Quelqu'un me souffla : « Vous seul le pourriez,
Venez tout de suite. »

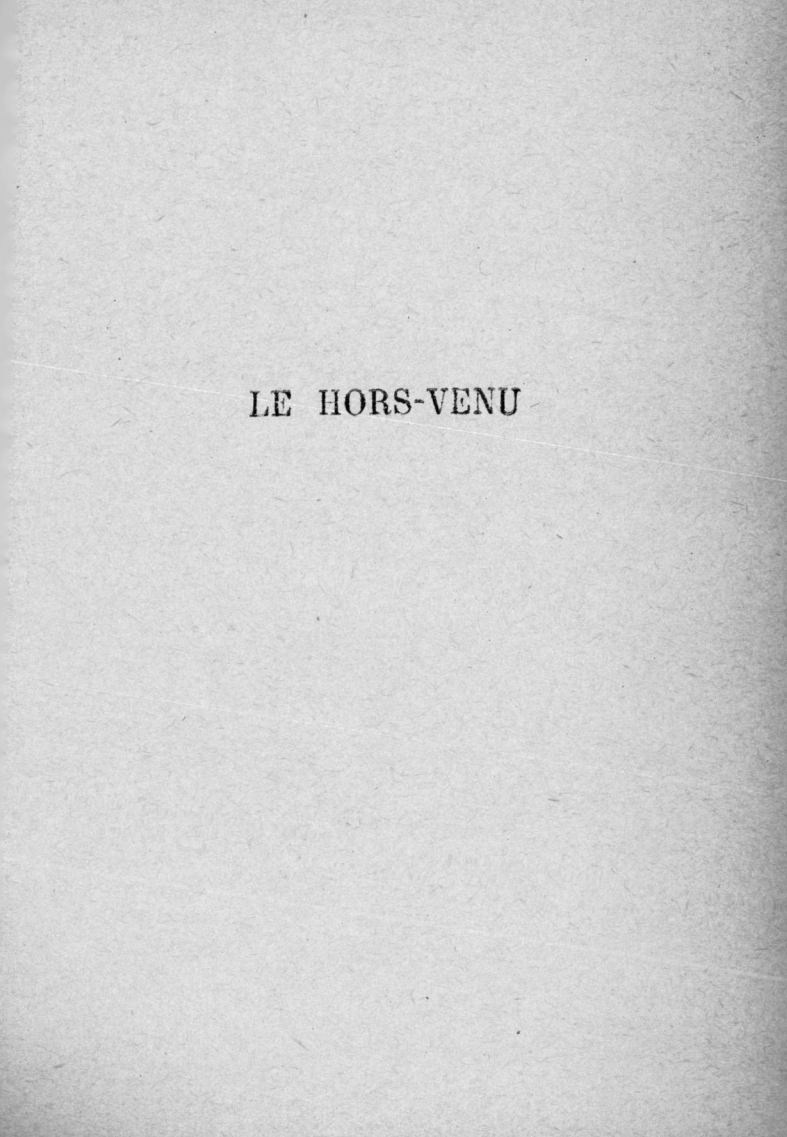

LE HORS-VENU

LE HORS-VENU

*Il couchait seul dans de grands lits
De hautes herbes et d'orties,
Son corps nu toujours éclairé
Dans les défilés de la nuit
Par un soleil encor violent
Qui venait d'un siècle passé
Par monts et par vaux de lumière
A travers mille obscurités.
Quand il avançait sur les routes
Il ne se retournait jamais.
C'était l'affaire de son double
Toujours à la bonne distance
Et qui lui servait d'écuyer.
Quelquefois les astres hostiles
Pour s'assurer que c'était eux
Les éprouvaient d'un cent de flèches*

Patiemment empoisonnées.
Quand ils passaient, même les arbres
Étaient pris de vivacité,
Les troncs frissonnaient dans la fibre,
Visiblement réfléchissaient,
Et ne parlons pas du feuillage,
Toujours une feuille en tombait
Même au printemps quand elles tiennent
Et sont dures de volonté.
Les insectes se dépêchaient
Dans leur besogne quotidienne,
Tous, la tête dans les épaules,
Comme s'ils se la reprochaient.
La pierre prenait conscience
De ses anciennes libertés ;
Lui, savait ce qui se passait
Derrière l'immobilité,
Et devant la fragilité.
Les jeunes filles le craignaient,
Parfois des femmes l'appelaient
Mais il n'en regardait aucune
Dans sa cruelle chasteté.
Les murs excitaient son esprit,
Il s'en éloignait enrichi

Par une gerbe de secrets
Volés au milieu de leur nuit
Et que toujours il recélait
Dans son cœur sûr, son seul bagage
Avec le cœur de l'écuyer.
Ses travaux de terrassement
Dans les carrières de son âme
Le surprenaient-ils harassé
Près de bornes sans inscription
Tirant une langue sanglante
Tel un chien aux poumons crevés.
Qu'il regardait ses longues mains
Comme un miroir de chair et d'os
Et aussitôt il repartait.
Ses enjambées étaient célèbres,
Mais seul il connaissait son nom
Que voici : « Plus grave que l'homme
Et savant comme certains morts
Qui n'ont jamais pu s'endormir. »

LES VEUVES

LES VEUVES

La triste qui vous tient, la claire qui vous suit,
La tenace aux yeux noirs qui chante pour soi seule
Mais ne sait vous quitter, même pas à demi,
Elles ne sont plus là que par leurs voix de veuves
Comme si vous n'étiez qu'une voix vous aussi.
De leurs jours alarmés, elles viennent à vous
Et leurs sombres élans s'enroulent à votre âme
Mais toujours leur aveu se défait à vos pieds,
Puisqu'il n'est pas de mots pour tant d'ombre et de flammes.

*Le monde est plein de voix qui perdirent visage
Et tournent nuit et jour pour en demander un.
Je leur dis : « Parlez-moi de façon familière
Car c'est moi le moins sûr de la grande assemblée.
« N'allez pas comparer notre sort et le vôtre »,
Me répond une voix, « je m'appelais un tel,
Je ne sais plus mon nom, je n'ai plus de cervelle
Et ne puis disposer que de celle des autres.
Laissez-moi m'appuyer un peu sur vos pensées.
C'est beaucoup d'approcher une oreille vivante
Pour quelqu'un comme moi qui ne suis presque plus.
Croyez ce que j'en dis, je ne suis plus qu'un mort
Je veux dire quelqu'un qui pèse ses paroles. »*

« Je suis une âme qui parle
Écoutez de votre mieux.
J'avais honte de mon corps
Qui se présentait partout
Avec moi, m'enveloppant
De sa chair à vêtements.
Je le trouvais si grossier
Avec les os et le sang
Que souvent je l'ai maudit
Sur la mer et sur la terre.
Je songeais à le noyer
Dans le fond de la rivière,
Et maintenant me voici
Agenouillée sans genoux
Sur le sol où il s'allonge
Je comprends qu'il ne me reste
Que ses souvenirs à lui

Qui vont, viennent, angoissés,
De mon absence de tête
A mon absence de pieds
Comme une triste marée
Qui se ferait dans la mer.
Je suis un oiseau dans l'air
Ne sachant où se poser,
On m'a coupé mon seul arbre
Le sol lui-même est fuyant,
Ah quel est donc ce pays
Où jamais l'on ne répond
Où l'on ne sait écouter
Une voix persuasive ? »

L'AUBE DANS LA CHAMBRE

Le petit jour vient toucher une tête en son sommeil
Il glisse sur l'os frontal
Et s'assure que c'est bien le même homme que la veille.
A pas de loup, les couleurs pénètrent par la croisée
Avec leur longue habitude de ne pas faire de bruit.
La blanche vient de Timor et toucha la Palestine
Et voilà que sur le lit elle s'incline et s'étale
Et cette autre avec regret se sépara de la Chine,
La voici sur le miroir
Lui donnant sa profondeur
Rien qu'en s'approchant de lui.
Une autre va vers l'armoire et la frotte un peu de jaune,
Celle-ci repeint de noir
La condition de l'homme
Qui repose dans son lit.

*Alors l'âme qui le sait,
Mère inquiète toujours près de ce corps qui s'allonge :
« Le malheur n'est pas sur nous
Puisque le corps de mes jours
Dans la pénombre respire.
Il n'est plus grande douleur
Que ne pas pouvoir souffrir
Et que l'âme soit sans gîte
Devant des portes fermées.
Un jour je serai privée de ce grand corps près de moi ;
J'aime bien à deviner ses formes dessous les draps,
Mon ami le sang qui coule dans son delta malaisé,
Et cette main qui parfois
Bouge un peu sous quelque songe
Qui ne laissera de trace
Dans le corps ni dans son âme.
Mais il dort, ne pensons pas pour ne pas le réveiller,
Ce n'est pas bien difficile
Il suffit de s'appliquer,
Qu'on ne m'entende pas plus que le feuillage qui
    pousse
Ni la rose de verdure.*

L'ÂME

Puisqu'elle tient parfois dans le bruit de la mer
Ou passe librement par le trou d'une aiguille
Aussi bien qu'elle couvre une haute montagne
           Avec son tissu clair,

Puisqu'elle chante ainsi que le garçon, la fille,
Et qu'elle brille au loin aussi bien que tout près,
Tantôt bougie ou bien étoile qui grésille
           Toujours sans faire exprès,

Puisqu'elle va de vous à moi, sans être vue,
Et fait en l'air son nid comme sur une plante,
Cherchons-la, sans bouger, dans cette nuit tremblante
Puisque le moindre bruit, tant qu'il dure, la tue.

*On voyait bien nos chiens perdus dans les landes
Mais nous, on ne nous voyait plus.
On voyait bien aussi nos amis les plus chers,
Des lèvres, après nous, murmuraient nos chansons,
Mais on avait beau scruter toute la Terre
On ne nous voyait pas, même avec de bons yeux,
— Même pas nos manteaux ni des gants oubliés —
Et pourtant nous étions partout à regarder
Nos amis nous chercher et se désespérer,
Et nous mêlions, la tête dans les mains,
Nos larmes de naguère à celles des étoiles,
Parce qu'hier était pour nous comme demain,
Aujourd'hui, chaque jour, mourait d'un coup de lance,
On nous l'assassinait dès le petit matin.
Nous fermions à jamais de grands yeux inutiles
Et le soleil sans nous poursuivait son chemin.*

LE REGRET DE LA TERRE

Un jour, quand nous dirons : « C'était le temps du soleil,
Vous souvenez-vous, il éclairait la moindre ramille,
Et aussi bien la femme âgée que la jeune fille étonnée,
Il savait donner leur couleur aux objets dès qu'il se posait.
Il suivait le cheval coureur et s'arrêtait avec lui,
C'était le temps inoubliable où nous étions sur la Terre,
Où cela faisait du bruit de faire tomber quelque chose,
Nous regardions alentour avec nos yeux connaisseurs,
Nos oreilles comprenaient toutes les nuances de l'air
Et lorsque le pas de l'ami s'avançait nous le savions,

*Nous ramassions aussi bien une fleur qu'un caillou
   poli,
Le temps où nous ne pouvions attraper la fumée,
Ah ! c'est tout ce que nos mains sauraient saisir maintenant.* »

L'ÂME PROCHE

Mon âme suit mon corps,
— La nuit comme le jour —
Elle n'a pas besoin
De soleil pour être ombre.
« Ame, que voulez-vous ?
Vous êtes là, tout près,
Féminine, exigeante
Et filtrant mes pensées
De votre jalousie.
Vous me bandez les yeux
D'un mouchoir funéraire
Quand c'est le tour du corps
D'aller et de venir,
De croiser les passants
Et de les regarder
D'oublier les lointains

Avec leur air déçu,
De toucher les objets
Si beaux, à force d'être
A portée de la main ».

*Mes frères qui viendrez, vous vous direz un jour :
« Un poète prenait les mots de tous nos jours
Pour chasser sa tristesse avec une nouvelle
Tristesse infiniment plus triste et moins cruelle.
Il avait un visage, où l'air se reflétait,
— Passage des oiseaux, et dessous des forêts, —
Qui se reforme encor dans sa tâche profonde,
Et, nous aperçoit-il, abrité par ses vers,
Qu'il se console, avec nos visages divers,
      De n'être plus du monde. »*

POUR UN POÈTE MORT

Donnez-lui vite une fourmi
Et si petite soit-elle,
Mais qu'elle soit bien à lui !
Il ne faut pas tromper un mort.
Donnez-la lui, ou bien le bec d'une hirondelle,
Un bout d'herbe, un bout de Paris,
Il n'a plus qu'un grand vide à lui
Et comprend encor mal son sort.

A choisir il vous donne en échange
Des cadeaux plus obscurs que la main ne peut prendre :
Un reflet qui couche sous la neige,
Ou l'envers du plus haut des nuages,
Le silence au milieu du tapage,
Ou l'étoile que rien ne protège.
Tout cela il le nomme et le donne
Lui qui est sans un chien ni personne.

Elle n'est plus que du silence
Tremblant à la pointe d'un cil,
Son être tient dans une larme
Et voudrait que cela suffît.

Comprenez-vous qui je désigne
Et je redoute de nommer ?

Je pense à la pauvre Marie
Sans corps maintenant et sans yeux
Réduite à ce point lumineux
Derrière quelles jalousies

De bois peint ni de fer non plus,
Mais de ciel pur, de modestie.

A RICARDO GÜIRALDES

Sur un banc de Buenos Aires, sur un sol très lisse et
 long qui était déjà de la plaine,
Et fumait de s'élancer dans toutes les directions,
Ils étaient assis, Ricardo Güiraldes et quelqu'un d'autre qui le voyait pour la première fois.
Et ce souvenir est comme le feu rouge d'une cigarette
 qui brille la nuit en plein ciel, on ne verrait rien
 d'autre.
(Pourtant la mort nous a encore rapprochés et c'est
 depuis lors que je le tutoie.)
Maintenant, Ricardo, nous sommes là quelques amis
 assemblés de l'autre côté du fleuve,
Comme un groupe d'astronomes qui complotent dans
 l'obscurité de converser avec une étoile très lointaine,
Une étoile très distraite dont ils voudraient appeler l'attention et l'amitié,

Ils disposent leurs appareils, tournent d'étranges manivelles,
Et voilà que l'on entend une musique délicate
Parce que nous te sommes soudain devenus transparents,
Sur notre vieille Terre qui tourne nuit et jour faisant modestement son devoir,
Et nous te voyons installés dans ta flamme céleste,
Puisque tu peux désormais te faire une place raisonnable même dans le feu
Ou au cœur d'un diamant où tu pourrais pénétrer sans avoir à descendre de ton nouveau cheval.
Accueilleras-tu cette voix qui voudrait monter vers toi,
Toi qui ne respires plus qu'à la façon des étoiles et avec leur complicité
Et te passes d'un corps comme d'un vêtement hors d'usage
Mais ne peux t'empêcher de suivre le regard d'Adeline sur tes manuscrits inachevés.

LE SILLAGE

LE SILLAGE

On voyait le sillage et nullement la barque
Parce que le bonheur avait passé par là.

Ils s'étaient regardés dans le fond de leurs yeux
Apercevant enfin la clairière attendue

Où couraient de grands cerfs dans toute leur franchise.
Les chasseurs n'entraient pas dans ce pays sans larmes.

Ce fut le lendemain, après une nuit froide,
Qu'on reconnut en eux des noyés par amour

Mais ce que l'on pouvait prendre pour leur douleur
Nous faisait signe à tous de ne pas croire en elle.

*Un peu de leur voilure errait encore en l'air
Toute seule, prenant le vent pour son plaisir,*

Loin de la barque et des rames à la dérive.

LE DÉSIR

Quand les yeux du désir, plus sévères qu'un juge, vous disent d'approcher,
Que l'âme demeure effrayée
Par le corps aveugle qui la repousse et s'en va tout seul
Hors de ses draps comme un frère somnambule,
Quand le sang coule plus sombre de ses secrètes montagnes,
Que le corps jusqu'aux cheveux n'est qu'une grande main inhumaine
Tâtonnante, même en plein jour...
Mais il est un autre corps,
Voici l'autre somnambule,
Ce sont deux têtes qui bourdonnent maintenant et se rapprochent,

Des torses nus sans mémoire cherchent à se comprendre dans l'ombre,
Et la muette de soie s'exprime par la plus grande douceur
Jusqu'au moment où les êtres
Sont déposés interdits sur des rivages différents.
Alors l'âme se retrouve dans le corps sans savoir comment
Et ils s'éloignent réconciliés, en se demandant des nouvelles.

LA RÊVERIE

Les femmes se donnaient, en passant, sur des tertres,
Chacune allait toujours vers de nouveaux miroirs,
Même l'homme loyal était sans souvenirs,
Les lettres s'effaçaient seules au tableau noir,
La mémoire dormait, ivre de rêverie,
Et voulait-on tenir la main de son amie
Que déjà l'on touchait une main étrangère,
Plus douce entre vos mains de ce qu'elle changeait,
Bougeait et devenait mille mains à venir.
L'on se voyait toujours pour la première fois,
Pour la dernière fois et pour les autres fois.
Même au fond du sommeil vous pressait l'avenir,
Et cherchait-on un peu de calme dans le ciel
Que sous vos yeux la nuit s'étoilait autrement,

Tant la distraction était son élément.
Les astres se trompaient dans leurs sources profondes
Et la Terre, sachant qu'elle n'était plus ronde,
En souffrait pour soi-même et pour l'honneur du ciel.

Je me souviens — lorsque je parle ainsi
Ah saura-t-on jamais qui se souvient
Dans tout ce chaud murmurant carrefour
Qui fait le cœur et lui donne son nom —
Je me souviens, c'était dans un pays
Qu'on aperçoit fort au sud sur les cartes,
Le ciel mouillait à tort et à travers
Le grand matin noir et plein d'innocence.
Je me souviens — cette fois je suis sûr
Que c'est bien moi qui hume ce temps-là —
Je vous trouvai durant une accalmie
Vous qui deviez devenir mon amie
Pendant vingt ans, et c'est encore vrai.

*Il ne reste qu'un sein pur immobile en la mémoire
Et l'étreinte de bras nus colorés d'un jour ancien,
Une épaisseur de cheveux sur un front encore tiède,
Malgré le temps qui ne peut presque plus rien contre lui.
Et ce souvenir divisé se raidit contre l'oubli
Au fond d'un silence absolu, seul gardien de ces parages.*

Ce sont bien d'autres lèvres,
C'est un autre sourire
Si j'approche de vous.
Ah mon regard vous change
Vous rend méconnaissable
Même à vos familiers.
L'on s'étonne de vous
Au milieu de la pièce
Et prise alors de peur
Vous baissez les paupières
Sur des yeux inconnus.
De tremblants centimètres
Nous séparent à peine
Et je me sens aussi
Devenir étranger.
Il vous faut consentir
A me perdre à mon tour

Moi dont vous étiez sûre
Plus encor que de vous.
Et plus l'on se regarde
Plus vite l'on s'égare
Dans les sables de l'âme
Qui nous brûlent les yeux.

L'ESCALIER

Parce que l'escalier attirait à la ronde
Et qu'on ne l'approchait qu'avec des yeux fermés,
Que chaque jeune fille en gravissant les marches
Vieillissait de dix ans à chaque triste pas,
— Sa robe avec sa chair dans une même usure —
Et n'avait qu'un désir ayant vécu si vite
Se coucher pour mourir sur la dernière marche ;
Parce que loin de là une fillette heureuse
Pour en avoir rêvé au fond d'un lit de bois
Devint, en une nuit, sculpture d'elle-même
Sans autre mouvement que celui de la pierre
Et qu'on la retrouva, rêve et sourire obscurs,
Tous deux pétrifiés mais simulant toujours...
Mais un jour l'on gravit les marches comme si
Rien que de naturel ne s'y était passé.
Des filles y mangeaient les claires mandarines

Sous les yeux des garçons qui les regardaient faire.
L'escalier ignorait tout de son vieux pouvoir
Vous en souvenez-vous ? Nous y fûmes ensemble
Et l'enfant qui venait avec nous le nomma.
C'était un nom hélas si proche du silence
Qu'en vain il essaya de nous le répéter
Et, confus, il cacha la tête dans ses larmes
Comme nous arrivions en haut de l'escalier.

Cette main sur la neige
Que fait-elle si seule
Et si désespérée
D'avoir à se suffire
Dans cette aridité.
L'on voit bouger ses doigts
De main abandonnée
Et pourtant elle est tiède
Comme pour d'autres mains.
Qu'espère-t-elle encore
Parmi cette chaleur
Qui ne peut plus s'éteindre
Et ne sait rien du cœur
Qui la lui a donnée ?

L'ÂGE

Mains fraîches, et ces yeux si légers et couleur
    Des ruisseaux clairs que le ciel presse...
Ce que je nomme encore aujourd'hui ma jeunesse
Quand nul ne peut m'entendre et que même mon cœur
Plein de honte pour moi, fait le sourd, se dépêche,
    Me laisse sans chaleur.

AMOUR

Cette couleur c'était la couleur de vos yeux
Et cet air délicat c'était votre air aussi
Mais les chemins qui vont d'hier à aujourd'hui
Vous les foulez toujours de vos jeunes chevaux
Qui n'en finissent plus d'un galop toujours proche
        De me venir dessus.

LE SOUVENIR

Quand nous tiendrons notre tête entre les mains
Dans un geste pierreux, gauchement immortel,
Non pas comme des Saints — comme de pauvres hommes —
Quand notre amour sera divisé par nos ombres,

Si jamais vous songez à moi j'en serai sûr
Dans ma tête où ne soufflera qu'un vent obscur ;
Surtout ne croyez pas à de l'indifférence
Si je ne vous réponds qu'au moyen du silence.

LE SPECTATEUR

LE SPECTATEUR

*Il faisait beau dans la chambre
Plus que sur toute la terre,
Sous les objets les plus proches
L'on décelait de la joie :
En déplaçant une étoffe
Il s'en échappait parfois,
Vite comme un ciseau-mouche
Dont se découvre le nid.
Le cœur ne vivait que d'une
Inquiétude adorée,
Il fallait chercher toujours,
Çà et là l'on furetait.
Rien de ce qui fait les bois
Les grottes ni les cascades
Ne manquait entre ces murs
Ni les profondeurs sauvages.*

*Les espaces du dehors
Pénétraient dans la demeure
S'assuraient de votre corps
Aux formes douces-amères.
Le ciel lui-même était là,
Et sa menace discrète,
L'on entendait sur sa tête
L'avertissement des sphères.
Mais pourquoi ne dire rien
De la femme de silence
Qui voulait vous ignorer
Seule au centre de la pièce
Et gardait sa voix secrète
Dans les globes de ses yeux ?
Vous étiez pourtant si plein
De déférence et de songe,
Gestes purs et circonspects
Comme un marcheur sur les flots,
Mais elle vous redoutait
Plus que les monstres nocturnes
Parce que, levant les yeux,
Vous supprimiez du regard
Toute la douceur du jour
Et bien que sa belle tête*

*De vous-même fût si proche
Elle savait accomplir
Entre sa vie et la vôtre
Des forêts et des ravines
Sans parler des marécages
Et autres terres mouvantes
Et votre vie s'écoulait,
A travers un grand silence,
De votre verre à la mer.*

*Ce fut alors que quelqu'un
Entra demandant à boire.
Il frappa sur une table
Que jamais nul n'avait vue
Et la femme, devenue
Servante, approcha de lui.
Elle était à demi nue
Pendant que l'on entendait
Hennir un cheval aux portes
Comme un orage tout proche
Et que les murs consistants
Ne laissaient plus rien passer
Non plus que les trois fenêtres
Empêchant le jour d'entrer.*

*Vous, vous aviez disparu
De la mémoire des hommes
Ne laissant derrière vous
Que votre portrait au mur,
Vivant, curieux de tout,
Et plus humain que nature,
Mais si craquelé, noirci
Par sa propre inquiétude
Que l'un y voit une tête
L'autre quelque paysage.
Ils discutaient devant vous
Qui ne pouviez pas bouger
L'âme prise en la peinture,
Ils s'éloignèrent enfin
Vous laissant à votre cadre
Et se mirent à jouer
Avec de nouvelles cartes.
Ce n'était trèfle ni cœur
Pique ni carreau non plus,
C'était le jeu de l'amour
Lorsque nous n'y serons plus.
Forcé à la patience
De ceux qui n'ont pas de bras
Vous n'aviez plus de pouvoir*

*Sur les hommes ni les femmes.
Vous étiez comme un pendu
Privé même de salive,
Un gros cordon vous fixait
'A la cruelle solive,
Cependant qu'on abattait
Les cartes et les couleurs
Seul votre cadre savait
Que vous étiez spectateur.*

LUMIÈRE HUMAINE

SOLITUDE

Homme égaré dans les siècles,
Ne trouveras-tu jamais un contemporain ?
Et celui-là qui s'avance derrière de hauts cactus
Il n'a pas l'âge de ton sang qui dévale de ses montagnes,
Il ne connaît pas les rivières où se trempe ton regard
Et comment savoir le chiffre de sa tête recéleuse ?
Ah ! tu aurais tant aimé les hommes de ton époque
Et tenir dans tes bras un enfant rieur de ce temps-là !
Mais sur ce versant de l'Espace
Tous les visages t'échappent comme l'eau et le sable
Tu ignores ce que connaissent même les insectes, les gouttes d'eau,
Ils trouvent incontinent à qui parler ou murmurer,
Mais à défaut d'un visage
Les étoiles comprennent ta langue

Et d'instant en instant, familières des distances,
Elles secondent ta pensée, lui fournissent des paroles,
Il suffit de prêter l'oreille lorsque se ferment les yeux.
Oh ! je sais, je sais bien que tu aurais préféré
Être compris par le jour que l'on nomme aujourd'hui
A cause de sa franchise et de son air ressemblant
Et par ceux-là qui se disent sur la Terre tes semblables
Parce qu'ils n'ont pour s'exprimer du fond de leurs années-lumière
Que le scintillement d'un cœur
Obscur pour les autres hommes.

Protégeons de la main ta lumière, mon cœur
Qu'entourent sans merci les grands seigneurs du Vent
S'amusant à vouloir souffler cette bougie.
J'avance, malgré tout, au milieu de leurs rires
Et toujours espérant qu'ils m'oublieront un peu.

Au plus fort de ma nuit je me prouve mes forces.
Ce cheval qui s'élance est parti de mes yeux
Il ne reviendra plus au fond de mes paupières
Et, ne soupçonnant pas qui lui donna le jour,
Il cherche autour de lui, perdu dans son galop,

Mais il vit, voyez-le soulevant la poussière.

Plein de songe mon corps, plus d'un fanal s'allume
A mon bras, à mes pieds, au-dessus de ma tête.
Comme un lac qui reflète un mont jusqu'à sa pointe
Je sens la profondeur où baigne l'altitude
Et suis intimidé par les astres du ciel.

VIVRE ENCORE

Ce loup de l'an dernier c'est le vent d'aujourd'hui
Et qui saura jamais ce qu'il va devenir ?
Nous couchons sur le vent comme des feuilles mortes
Nous avons à peine eu le temps de demander
Où nous allons ainsi dans cet air en désordre
Que déjà notre sang rougit l'herbe à nos pieds.
Et pourtant nous avions deviné la puissance
Autant que les troncs durs, instruits par les racines,
Qui nous voyaient tourner sans rien pouvoir nous dire.
Si cela s'appelait ne pas avoir vécu,
Si nous étions l'erreur de quelqu'un qui se noie
Et croit se voir courir sur le proche rivage...
Mais non, nous connaissions la grandeur chaleureuse
Si sûre de soi-même et de nos propres forces
Qu'elle riait ou bien se mettait en colère,

*Nous marchions à son pas comme de vieux amis
Qui se prennent un peu le bras pour mieux s'entendre
Et préfèrent causer ainsi, sans se parler,
Pour que cette chaleur ne s'en aille en paroles.
Les villes et les bois nous regardaient passer,
Ils connaissaient fort bien les rapides oiseaux
Qui sur notre chemin nous servaient de pensées
Et qu'en vain des chasseurs suivaient de leur fusil.
Le plomb les traversait sans arrêter leur vol,
Ils vivaient au delà de la vie et du sang...
Maintenant nous voici entourés d'oiseaux morts
Et les poussant du pied pour ne pas nous salir.*

UN POÈTE

*Je ne vais pas toujours seul au fond de moi-même
Et j'entraîne avec moi plus d'un être vivant.
Ceux qui seront entrés dans mes froides cavernes
Sont-ils sûrs d'en sortir même pour un moment ?
J'entasse dans ma nuit, comme un vaisseau qui sombre,
Pêle-mêle, les passagers et les marins,
Et j'éteins la lumière aux yeux, dans les cabines,
Je me fais des amis des grandes profondeurs.*

LE NUAGE

*Il fut un temps où les ombres
A leur place véritable
N'obscurcissaient pas mes fables.
Mon cœur donnait sa lumière.*

*Mes yeux comprenaient la chaise de paille,
La table de bois,
Et mes mains ne rêvaient pas
Par la faute des dix doigts.*

*Écoute-moi, Capitaine de mon enfance,
Faisons comme avant,
Montons à bord de ma première barque
Qui passait la mer quand j'avais dix ans.*

*Elle ne prend pas l'eau du songe
Et sent sûrement le goudron,
Écoute, ce n'est plus que dans mes souvenirs
Que le bois est encor le bois, et le fer, dur,*

*Depuis longtemps, Capitaine,
Tout m'est nuage et j'en meurs.*

MA CHAMBRE

*Mon cœur qui me réveille et voudrait me parler
Touche ma porte ainsi qu'un modeste étranger
Et reste devant moi ne sachant plus que dire :
« Va, je te reconnais, c'est bien toi, mon ami,
Ne cherche pas tes mots et ne t'excuse pas.
Au fond de notre nuit repartons dans nos bois,
La vie est alentour, il faut continuer
D'être un cœur de vivant guetté par le danger. »*

*Puisque je ne sais rien de notre vie
Que par ce peu d'herbage à la fenêtre
Ou par des oiseaux, toujours inconnus,
Que ce soit l'hirondelle, l'alouette,
Retournons-en au milieu de ma nuit,
Ma plume y met de lointaines lumières,
J'ai ma Grande Ourse, aussi ma Bételgeuse,
Et ce qu'il faut de ciel d'elles à moi
Sous le plafond de ma chambre suiveuse
Qui marche seule à mon pas, quand tout dort.*

*La lampe rêvait tout haut qu'elle était l'obscurité
Et répandait alentour des ténèbres nuancées,
Le papier se brunissait sous son regard apaisé,
Les murs veillaient assourdis l'intimité sans limites.
S'il vous arrivait d'ouvrir des livres sur des rayons
Voilà qu'ils apparaissaient avec leur texte changé,
Et l'on voyait çà et là luire des mots chuchotants.
Vous déceliez votre nom en désarroi dans le texte
Et cependant que tombait une petite pluie d'ombres
Métamorphosant les mots sous un acide inconnu,
Un dormeur rêvait tout bas près de sa lampe allumée.*

Et les objets se mirent à sourire,
L'armoire à glace avait un air très entendu,
Et le fauteuil feignait d'en savoir long
Sur nos quatre saisons et sur la sienne seule
(Elle ignore le gel et les ardeurs solaires).

Le robinet riait dans sa barbe bruyante,
La corbeille à papiers lisait des bouts de lettres
Dès qu'on avait le dos tourné
Et j'étais un objet méditant parmi d'autres
(Oubliant que naguère encor j'étais un homme).

LES CAVALIERS

Tout ce qui fait les bois, les rivières ou l'air
A place entre ces murs qui croient fermer ma chambre.
Accourez, cavaliers qui traversez les mers,
Je n'ai qu'un toit de ciel, vous aurez de la place,

Vous entrerez ici sans la moindre mouillure.
Avez-vous traversé les siècles ou les mers ?
Et nous nous parlerons dans une langue sûre
Qui n'est pas le français ni langue d'outremer.

Venez-vous de si loin ou bien de mon désir ?
C'est ce que nous saurons lorsque vous entrerez,
Si vous venez de loin vous me regarderez,
Sinon, je ne verrai que de hautes paupières.

PORTES

Vie humaine toujours avec ton histoire de portes,
Celle-ci ferme du dedans, il faut la forcer pour ouvrir.
  La poussez-vous toute grande ?
  Vous entendez une voix
  Dans cette chambre sans meubles :
  « Ici personne n'habite,
  D'ailleurs vous le savez bien.
  Refermez donc cette porte
  Afin que les choses soient
  Comme si vous n'étiez point.
  Tant que vous regarderez
  Il ne se passera rien,
  Laissez l'air et le silence
  Faire leur travail sans mains,
  Cherchez ailleurs votre place,
  Il n'est rien ici d'humain,

*Même la voix qui vous parle
N'est voix que pour votre oreille
Et si l'on ferme la porte
Aussitôt elle s'éteint.* »

LA DEMEURE ENTOURÉE

Le corps de la montagne hésite à ma fenêtre :
« Comment peut-on entrer si l'on est la montagne,
Si l'on est en hauteur, avec roches, cailloux,
Un morceau de la Terre, altéré par le Ciel ? »
Le feuillage des bois entoure ma maison :
« Les bois ont-ils leur mot à dire là-dedans ?
Notre monde branchu, notre monde feuillu
Que peut-il dans la chambre où siège ce lit blanc,
Près de ce chandelier qui brûle par le haut,
Et devant cette fleur qui trempe dans un verre ?
Que peut-il pour cet homme et son bras replié,
Cette main écrivant entre ces quatre murs ?
Prenons avis de nos racines délicates,
Il ne nous a pas vus, il cherche au fond de lui
Des arbres différents qui comprennent sa langue. »
Et la rivière dit : « Je ne veux rien savoir,

Je coule pour moi seule et j'ignore les hommes.
Je ne suis jamais là où l'on croit me trouver
Et vais me devançant, crainte de m'attarder.
Tant pis pour ces gens-là qui s'en vont sur leurs jambes.
Ils partent, et toujours reviennent sur leurs pas. »
Mais l'étoile se dit : « Je tremble au bout d'un fil,
Si nul ne pense à moi je cesse d'exister. »

LE POIDS D'UNE JOURNÉE

Solitude, tu viens armée d'êtres sans fin dans ma propre chambre :
Il pleut sur le manteau de celui-ci, il neige sur celui-là et cet autre est éclairé par le soleil de Juillet.
Ils sortent de partout. « Écoutez-moi ! Écoutez-moi ! »
Et chacun voudrait en dire un peu plus que l'autre.
Il en est qui cherchent un frère disparu, d'autres, leur maîtresse, leurs enfants.
« Je ne puis rien faire pour vous. »
Ils ont tous un mot à dire avant de disparaître :
« Écoutez-moi, puisque je vous dis que je m'en irai aussitôt après. »
Ils me font signe de m'asseoir pour que l'entretien soit plus long.
« Puisque je vous dis que je ne puis rien faire pour vous,

Fantômes pour les yeux et pour les oreilles ! »
*Il y a cet inconnu qui me demande pardon et disparaît
   sans que je connaisse son crime,
Cette jeune fille qui a traversé des bois qui ne sont pas
   de nos pays,
Cette vieille femme qui me demande conseil.* « *Conseil
   à quel sujet ?* »
Elle ne veut rien ajouter et se retire indignée.

*Maintenant il n'y a plus dans la chambre que ma table
   allongée, mes livres, mes papiers.
Ma lampe éclaire une tête, des mains humaines,
Et mes lèvres se mettent à rêver pour leur propre compte
   comme des orphelines.*

LES ANIMAUX INVISIBLES

LE CHIEN

Toi, toujours entouré d'animaux invisibles,
Voici le chien qui t'a vu sous d'autres climats
Et te lèche la main comme en Sud-Amérique :
« Tu te trompes, bon chien, ces temps sont révolus
Et c'est peine perdue de vouloir vivre encore. »

LES SUIVEURS

La chèvre suit le cheval
Et le chien-loup suit la chèvre.
Le poète dans son ombre
Porte chèvre, chien, cheval
Et deux ou trois animaux
Qui n'ont pas encor de nom
Attendant pour prendre corps
Que souffle un vent favorable.

LES POISSONS

Mémoire des poissons dans les criques profondes,
Que puis-je faire ici de vos lents souvenirs,
Je ne sais rien de vous qu'un peu d'écume et d'ombre
Et qu'un jour, comme moi, il vous faudra mourir.

Alors que venez-vous interroger mes rêves
Comme si je pouvais vous être de secours ?
Allez en mer, laissez-moi sur ma terre sèche
Nous ne sommes pas faits pour mélanger nos jours.

L'ANTILOPE

L'antilope a la tête si fine
Dans le jour lumineux qui s'attarde
Qu'elle emporte du ciel à ses cornes
Et de loin les fauves la regardent.
Le lion, le premier, s'en effraie,
Il s'efface aux toisons des forêts,
L'antilope est bien trop protégée
Par ce peu de merveille à sa tête,
Elle avance et plus d'un veut la voir,
Les oiseaux de nuit, honteux le jour,
Fuient soudain vers leurs grosses ténèbres,
Le serpent qui mordait les enfants
Se morfond de n'être qu'un serpent,
L'antilope avance vers le tigre,
Le rassure et lui rend l'équilibre
Puis, fuyant de faciles victoires,
Choisit l'air pour y porter ses pas.

LA VILLE DES ANIMAUX

S'ouvre la porte, entre une biche,
Mais cela se passe très loin,
N'approchons pas de ce terrain,
Évitons un sol évasif.

C'est la ville des animaux
Ici les humains n'entrent guère.
Griffes de tigre, soies de porc
Brillent dans l'ombre, délibèrent.

N'essayons pas d'y pénétrer
Nous qui cachons plus d'une bête,
Poissons, iguanes, éperviers,
Qui voudraient tous montrer la tête.

*Nous en sortirions en traînant
Un air tigré, une nageoire,
Ou la trompe d'un éléphant
Qui nous demanderait à boire.*

*Notre âme nous serait ravie
Et la douceur de notre corps.
Il faudrait, toute notre vie,
Pleurer en nous un homme mort.*

LE MIROIR INTÉRIEUR

TOUJOURS SANS TITRE

N'approchez pas, le visage s'efface,
Il ne saurait vivre que loin de vous
Ou tout au moins à distance choisie.
Et l'on n'entend qu'une voix appauvrie :
« Rien n'est pour moi, je veux dire pour nous,
Mais bien plutôt pour l'âme et son repos
Qui prennent tout et nous laissent sans feux
Et sans amis au plus fort de l'hiver.
Ils sont partis, le triste avec le drôle
Et le tardif, le mou, le volontaire,
Laissant en nous cette ombre qui s'allonge
Et toujours prête à changer de mystère.
Tout s'y reporte et cherche une autre forme :
C'est la brebis, sa tête entre vos mains,
Elle devient devant vous une femme
Que vous aviez longuement oubliée,

*Et c'est la nuit proche qui se ramasse
Pour venir boire à votre verre d'eau.
« Où est mon verre ? ah je le croyais plein. »
C'est le papier qui de lui-même efface
Le mot qui vient toujours obscur pour lui
Et vous pensiez avoir longtemps écrit,
Il n'en resta que cette page blanche
Où nul ne lit, où chacun pense lire,
Et qui se donne à force de silence.*

L'ERRANT

J'ai tant de fois, hélas, changé de ciel,
Changé d'horreur et changé de visage,
Que je ne comprends plus mon propre cœur
Toujours réduit à son même carnage.

LUI SEUL

Si vous touchez sa main c'est bien sans le savoir,
Vous vous le rappelez mais sous un autre nom,
Au milieu de la nuit, au plus fort du sommeil,
Vous dites son vrai nom et le faites asseoir.

Un jour on frappe et je devine que c'est lui
Qui s'en vient près de nous à n'importe quelle heure
Et vous le regardez avec un tel oubli
Qu'il s'en retourne au loin mais en laissant derrière

Une porte vivante et pâle comme lui.

*Étranger à l'affût et parfois loin de moi
Te voici là tout près, sans violence et sans voix,
Mais comment aujourd'hui ne pas te reconnaître,
D'autant plus toi que tu fus long à m'apparaître,
Et, dans un même temps, allongé sur mon lit
Debout près de l'armoire et sur la chaise assis,
Épousant le contour de l'air et de ses fables,
Tu caches en plein jour tes ailes redoutables.*

Ce bruit de la mer qui rôde et poursuit
Il le connaît bien l'arbre à chevelure
Et le cheval vient y boire la nuit
Allongeant le cou comme pour l'eau pure.

Il faut lui donner ton humain visage
Si pâle au sortir de mille ténèbres,
Comme après avoir traversé les âges
Vient mourir un rêve au bout de nos lèvres.

« Quand le soleil... — Mais le soleil qu'en faites-vous ?
Du pain pour chaque jour, l'angoisse pour la nuit.
— Quand le soleil... — Mais à la fin vous tairez-vous,
C'est trop grand et trop loin pour l'homme des maisons.
— Ce bruit de voix... — Ou bien plutôt bruit de visages,
On les entend toujours et même s'ils se taisent.
— Mais le silence... — Il n'en est pas autour de vous,
Tout fait son bruit distinct pour l'oreille de l'âme.
Ne cherchez plus. — Et pourrais-je ne pas chercher,
Je suis tout yeux comme un renard dans le danger.
— Laissons cela, vous êtes si près de vous-même
Que désormais rien ne pourrait vous arriver,
Rassurez-vous, il fait un petit vent de songe
Et l'étrange miroir luit presque familier. »

ALTER EGO

Une souris s'échappe
(Ce n'en était pas une)
Une femme s'éveille
(Comment le savez-vous ?)
Et la porte qui grince
(On l'huila ce matin)
Près du mur de clôture
(Le mur n'existe plus)
Ah ! je ne puis rien dire
(Eh bien, vous vous tairez !)
Je ne puis pas bouger
(Vous marchez sur la route)
Où allons-nous ainsi ?
(C'est moi qui le demande)
Je suis seul sur la Terre
(Je suis là près de vous)

*Peut-on être si seul
(Je le suis plus que vous,
Je vois votre visage
Nul ne m'a jamais vu).*

NAUFRAGE

Une table tout près, une lampe très loin
Qui dans l'air irrité ne peuvent se rejoindre,
Et jusqu'à l'horizon une plage déserte.
Un homme à la mer lève un bras, crie : « Au se-
  cours ! »
Et l'écho lui répond : « Qu'entendez-vous par là ? »

*Visages de la rue, quelle phrase indécise
Écrivez-vous ainsi pour toujours l'effacer
Et faut-il que toujours soit à recommencer
Ce que vous essayez de dire ou de mieux dire ?*

Ainsi parlait je sais bien qui
Mais il ne veut pas qu'on le nomme.
Parfois je ne connais que lui,
Et parfois je suis étonné
Derrière mon humain abri
D'avoir tant oublié cet homme.

Son front est-il fait de la sorte,
Et ses yeux de telle couleur ?
Je ne saurais trop vous le dire
Mais quand se défait son dessin
Je connais de l'intérieur
Ce qui l'apaise ou le déchire.

Nous sommes deux, nous sommes un,
Nos pas s'embrouillent, et nos cœurs.

*Nous avons même vêtement
Quand nous allons chemin faisant
Sur la route qui sort de nous
La seule que nous puissions suivre.*

LE MONDE EN NOUS

Chaque objet séparé de son bruit, de son poids,
Toujours dans sa couleur, sa raison et sa race,
Et juste ce qu'il faut de lumière, d'espace
Pour que tout soit agile et content de son sort.
Et cela vit, respire et chante avec moi-même
— Les objets inhumains comme les familiers —
Et nourri de mon sang s'abrite à sa chaleur.
La montagne voisine un jour avec la lampe,
Laquelle luit, laquelle en moi est la plus grande ?
Ah ! je ne sais plus rien si je rouvre les yeux,
Ma science gît en moi derrière mes paupières
Et je n'en sais pas plus que mon sang ténébreux.

Espions de l'au-delà
Vous êtes parmi nous
A surveiller nos gestes
Et la joie de nos cœurs
Vous nous voulez toujours
Sombres, humiliés,
Ne vous suffit-il pas
D'un regard, fixement,
Pour nous rendre semblables
A vos souhaits cruels ?

UN PEINTRE

Il vous dira le jour
Toujours entre deux nuits
Avec des fleurs coupées
Par de claires épées,

Une seule bougie
Éclairant des cerises
Et un papier plié
Par le poids d'un secret,

Sur un fond de feuillage
Bien fait pour épier
D'un regard végétal
Votre propre mystère.

LE MATIN ET LES ARBRES

MATIN

Quand le paquebot Terre, un à un ses hublots
S'ouvrant, livre passage aux oiseaux familiers,
Ces bras blancs qui saluent le jour comme leur frère,
Nous croyons voir entrer le meilleur de nous-mêmes
Avec les premiers pas du soleil réveillé.
Est-ce là devant nous les arbres du printemps
Ou bien la vague haute et chercheuse d'écume ?
Il est encor trop tôt pour comprendre et savoir,
Le regard est grevé d'un peu d'obscurité.
Contentons-nous d'être un vivant un jour de plus,
D'entendre en nous ce cœur qui ne s'est pas couché
Et peine nuit et jour dans d'égales ténèbres
Pour préparer un peu de ce qu'il croit bonheur.
Et nous le laisserons croire parce qu'il faut
Que le mensonge aussi soit au fond de nous-mêmes
Pendant que le soleil feint de monter au ciel
Et toujours nous attrape avec sa même ruse.

L'ARBRE

Il y avait autrefois de l'affection, de tendres sentiments,
C'est devenu du bois.
Il y avait une grande politesse de paroles,
C'est du bois maintenant, des ramilles, du feuillage.
Il y avait de jolis habits autour d'un cœur d'amoureuse
Ou d'amoureux, oui, quel était le sexe ?
C'est devenu du bois sans intentions apparentes
Et si l'on coupe une branche et qu'on regarde la fibre
Elle reste muette
Du moins pour les oreilles humaines,
Pas un seul mot n'en sort mais un silence sans nuances
Vient des fibrilles de toute sorte où passe une petite fourmi.

Comme il se contorsionne l'arbre, comme il va dans tous les sens,

Tout en restant immobile !
Et par là-dessus le vent essaie de le mettre en route,
Il voudrait en faire une espèce d'oiseau bien plus grand
    que nature
Parmi les autres oiseaux
Mais lui ne fait pas attention,
Il faut savoir être un arbre durant les quatre saisons,
Et regarder, pour mieux se taire,
Écouter les paroles des hommes et ne jamais répondre,
Il faut savoir être tout entier dans une feuille
Et la voir qui s'envole.

Pour chanter avec les fleuves
Il fallait une autre voix,
Avec le flot des cascades
Ce ne pouvait être toi.

Tu chantes avec toi-même
Dans des cavernes profondes,
L'oublierais-tu un instant
Tu tomberais raide mort.

L'aveugle quand il est sage
S'il ouvre les yeux tout grands
C'est pour mieux voir au dedans,
Pardonne-lui son visage
C'est le tien en ce moment.

FAIRE PLACE

Disparais un instant, fais place au paysage,
Le jardin sera beau comme avant le déluge,
Sans hommes, le cactus redevient végétal,
Et tu n'as rien à voir aux racines qui cherchent
Ce qui t'échappera, même les yeux fermés.
Laisse l'herbe pousser en dehors de ton songe
Et puis tu reviendras voir ce qui s'est passé.

VISITE DE LA NUIT

Terrasse ou balcon, je posai le pied
A la place exacte où l'on sait toute chose,

J'attendis longtemps, gêné par mon corps,
Il faisait grand jour et l'on approchait.

C'était bien la Nuit convertie en femme,
Tremblante au soleil comme une perdrix,

Si peu faite encore à son enveloppe
Toute errante en soi, même dans son cœur.

Quand il m'arrivait de faire des signes
Elle regardait mais voyait ailleurs.

Je ne bougeais plus pour mieux la convaincre
Mais aucun silence ne lui parvenait.

Ses gestes obscurs comme ses murmures
Toujours me voulaient d'un autre côté.

Quand baissa le jour, d'un pas très humain
A jamais déçu, elle s'éloigna.

Elle rejoignit au bout de la rue
Son vertige ardent, sa forme espacée.

Comme chaque nuit elle s'étoila
De ses milliers d'yeux dont aucun ne voit.

Et depuis ce jour je cède à mes ombres.

Attendre que la Nuit, toujours reconnaissable
A sa grande altitude où n'atteint pas le vent,
Mais le malheur des hommes,
Vienne allumer ses feux intimes et tremblants
Et dépose sans bruit ses barques de pêcheurs,
Ses lanternes de bord que le ciel a bercées,
Ses filets étoilés dans notre âme élargie,
Attendre qu'elle trouve en nous sa confidente
Grâce à mille reflets et secrets mouvements
Et qu'elle nous attire à ses mains de fourrure,
Nous les enfants perdus maltraités par le jour
Et la grande lumière,
Ramassés par la Nuit poreuse et pénétrante,
Plus sûre qu'un lit sûr sous un toit familier,
C'est l'abri murmurant qui nous tient compagnie,
C'est la couche où poser la tête qui déjà
Commence à graviter,
A s'étoiler en nous, à trouver son chemin.

LE TEMPS D'UN PEU

Que voulez-vous que je fasse du monde
Puisque si tôt il m'en faudra partir.
Le temps d'un peu saluer à la ronde,
De regarder ce qui reste à finir,
Le temps de voir entrer une ou deux femmes
Et leur jeunesse où nous ne serons pas
Et c'est déjà l'affaire de nos âmes.
Le corps sera mort de son embarras.

LE TAPIS VERT

Je touche par la bande
La blanche de tristesse
Quand je voulais atteindre
L'autre boule d'ivoire.

Des visages grossiers
Regardent le trajet
De cette gaucherie.
« Quel est donc celui-là
Qui n'en manque pas une
Et ne sait pas jouer
A nos boules d'ivoire ?
Il regarde ahuri
Le tapis vert sans herbe,

Espérant que peut-être
C'est affaire de temps. »
Et les voilà riant
D'un rire épais et rance
Qui cherchait une issue
Dans leurs bouches mauvaises.
Et je voudrais pouvoir
Éviter leurs regards
Et regarder ailleurs
Mais il n'est pas d'ailleurs
Nulle part sur la Terre.
Je les trouve installés
Et se mettant à l'aise
Dans le fond de mon cœur,
Devenus minuscules,
En manches de chemise,
Ils boivent de la bière,
Et s'essuient la moustache
D'un revers de la main.

TABLE

TABLE

LES AMIS INCONNUS 7
    Les amis inconnus. 9
    Les chevaux du Temps 11
    L'oiseau 12
    L'allée. 14
    L'ours. 15
    Le pommier. 17
    Figures 18
    Les mains photographiées. 20
    L'appel 22

LE HORS-VENU 23

LES VEUVES 29
    Les Veuves 2
    Le monde est plein de voix qui perdirent visage . . . 32
    Je suis une âme qui parle 33
    L'aube dans la chambre. 35
    L'âme. 37
    On voyait bien nos chiens courir dans les landes . . . 38
    Le regret de la Terre 39
    L'âme proche 41
    Mes frères qui viendrez, vous vous direz un jour . . . 43
    Pour un poète mort 44
    Elle n'est plus que du silence. 45
    A Ricardo Güiraldes. 46

LE SILLAGE 49
    Le sillage. 51

Le désir.	53
La rêverie.	55
Je me souviens — lorsque je parle ainsi	57
Il ne reste qu'un sein pur immobile en la mémoire	58
Ce sont bien d'autres lèvres	59
L'escalier.	61
Cette main sur la neige	63
L'âge	64
Amour	65
Le Souvenir	66

LE SPECTATEUR 67

LUMIÈRE HUMAINE. 75

Solitude	77
Protégeons de la main ta lumière, mon cœur.	79
Plein de songe mon corps, plus d'un fanal s'allume.	80
Vivre encore.	81
Un poète	83
Le nuage	84

MA CHAMBRE 87

Mon cœur qui me réveille et voudrait me parler	89
Puisque je ne suis rien de notre vie	90
La lampe rêvait tout haut qu'elle était l'obscurité	91
Et les objets se mirent à sourire.	92
Les Cavaliers	93
Portes.	94
La demeure entourée.	96
Le poids d'une journée	98

LES ANIMAUX INVISIBLES 101

Le chien	103
Les suiveurs	104
Les poissons.	105
L'Antilope.	106
La ville des animaux	107

LE MIROIR INTÉRIEUR. 109

Toujours sans titre	111
L'errant.	113
Lui seul.	114
Etranger à l'affût et parfois loin de moi	115
Ce bruit de la mer qui rôde et poursuit	116
« Quand le soleil.	117

TABLE

Alter ego 118
Naufrage 120
Visages de la rue, quelle phrase indécise. 121
Ainsi parlait je sais bien qui 122
Le Monde en nous. 124
Espions de l'Au-delà 125
Un peintre 126

LE MATIN ET LES ARBRES 127

Matin 129
L'arbre 130
Pour chanter avec les fleuves. 132
Faire place 133

VISITE DE LA NUIT 135

Terrasse ou balcon, je posai le pied 137
Attendre que la nuit, toujours reconnaissable . . . 139

LE TEMPS D'UN PEU 141

Que voulez-vous que je fasse du monde 143
Le tapis vert 144

IMPRIMERIE DE LAGNY
EMMANUEL GREVIN ET FILS
(c. o. 31.1245) — 5-1947.

Dépôt légal : 11 juillet 1934.
N° d'Ed. 820. — N° d'Imp. 1279.
Imprimé en France.